누리 과정에서 쏙쏙

자연탐구 탐구과정 즐기기 – 주변 세계와 자연에 대해 지속적으로 호기심을 가진다.
자연과 더불어 살기 – 날씨와 계절의 변화를 생활과 관련짓는다.

초등 과정에서 쏙쏙

통합 여름1 1. 여름이 왔어요 – 그림자놀이
과학 4-2 3. 거울과 그림자 – 1. 빛, 3. 그림자

감수 및 추천 이명근 박사(미국 존스홉킨스 대학교 교수 역임, 현재 연세대학교 보건대학원 교수)

세계 곳곳의 재난지에 뛰어들어 어린이들은 물론 도움이 필요한 사람들을 구조하며 봉사의 삶을 사는 분입니다. 알아야 더 잘할 수 있다는 믿음으로 연세대학교 보건대학원에 '국제 재난 대응 전문가 과정'을 개설하여 많은 재난 구조 전문가를 양성하고 있습니다. 국제 NGO인 '머시코'(Mercy Corp.)와 UNDP(유엔경제개발계획)에서 활동하기도 했습니다. 지금은 재난 구호의 필요성을 알리고, 아시아와 아프리카의 개발을 위해 '코이카'(KOICA, 한국국제협력단)와 국제 개발 기관인 '글로벌 투게더' 등과 함께 봉사에 앞장서고 있습니다.

글 버니 맥크리드

대학에서 비즈니스와 영문학을 공부했으며, 현재 작가이자 주일 학교 목사로 활동하고 있습니다. 한때 사업가이기도 했던 그녀는 교통사고로 걸을 수 없게 되었지만 자선 활동과 작가로 활동하며 제2의 삶을 살고 있습니다. 계일은 어린이들에게 감동을 주는 멋진 동화를 쓰고 싶어 합니다. 작품으로는 〈마법에 걸린 쥐〉, 〈신데렐라〉, 〈작은 세라 이야기〉, 〈어린 귀족 세드릭〉, 〈하이디〉 등이 있습니다.

그림 스리말리 바사니

이탈리아 만토바에서 살며 작품 활동을 하고 있습니다. 어렸을 때부터 어머니의 영향으로 그림에 대한 열정을 가지고 꿈을 키웠다고 합니다. 아트 스쿨과 미술 아카데미에서 공부했으며, 후에 마체라타에 있는 'ARS in FABULA'에서 일러스트 석사 과정을 수료했습니다.
2012년 그녀의 그림이 월간지 〈로고스〉에 실린 뒤, 이후 〈조금 더 아름다운 이야기〉, 그림책 〈돼지 저금통〉 등 여러 작품을 발표했습니다.

생활과 물질 | 빛과 그림자

32. 마음대로 변하는 그림자

글 버니 맥크리드 | **그림** 스리말리 바사니
펴낸곳 스마일 북스 | **펴낸이** 이행순 | **제작 상무** 장종남
대표 조주연 | **주소** 서울특별시 종로구 사직로8길 20, 103호

출판등록 제2013-000070호 **홈페이지** www.smilebooks.co.kr
전화번호 1588-3201 **팩스** (02)765-1877
기획·편집 조주연 김민정 김인숙 | **디자인** 김수정 정수하
사진 제공 및 대여 유로포토 셔터스톡 연합뉴스

이 책의 모든 글과 그림 등의 저작권은 스마일 북스에 있습니다.
본사의 허락 없이 이 책에 실린 내용의 일부 또는 전체를 어떤 형태로든지 변조하거나 무단 복제하는 것은 법으로 금지되어 있습니다.

⚠ 책을 집어던지면 다칠 수 있으니 조심하십시오. 잘못 만들어진 책은 바꾸어 드립니다.

마음대로 변하는 그림자

글 버니 맥크리드 | **그림** 스리말리 바사니

스마일
Smile Books

아침부터 주룩주룩 비가 와요.
"아이, 심심해!
해님이 없으니까 친구도 빛도
예쁜 색깔도 모두 숨어 버렸어!"
해나는 입술을 삐죽 내밀었어요.

얼마 후, 드디어 비가 뚝 그쳤어요.
"앗, 해님이 나왔다."
구름이 걷히자, 어두컴컴했던 세상이 환해졌어요.
"빨간 지붕도 나오고, 꽃들도 다시 예뻐졌네."
해나의 얼굴에도 웃음꽃이 피었어요.

해나는 후닥닥 놀이터로 달려갔어요.
무지개가 해나를 반겨 주었어요.
"와, 곱다! 빛이 요술을 부렸네."
빨주노초파남보, 일곱 색깔의 띠가 무척 아름다워요.

무지개는 언제 뜨나요?
무지개는 비가 그친 뒤 해의 반대쪽 하늘에 일곱 가지 빛깔을 띤 반원 모양으로 생겨요.

그런데 뭔가 해나를 졸졸 따라왔어요.
"넌 누구니?"
해나가 뒤를 돌아보며 물었어요.
"난 네 **그림자**야.
나는 **빛**이 있을 때만 나타난단다."

14

"나랑 친구 할래?"

그림자가 물었어요.

해나가 고개를 끄덕이자, 그림자도 고개를 끄덕!

해나가 깡충 뛰자, 그림자도 깡충!

해나가 손을 번쩍 들면, 그림자도 손을 번쩍!

해나가 발로 땅을 콩콩 차면, 그림자도 발을 콩콩!

"우리, 숨바꼭질할까?"
그림자가 말했어요.
"좋아, 내가 찾을게. 빨리 숨어."
해나는 그림자를 찾아 이곳저곳을 기웃거렸어요.

나무 아래, 그네 아래, 시소 아래에서
같은 모양의 그림자 친구를 찾아냈어요.
"그림자는 따라 하기 선수구나."
해나가 킥킥 웃었어요.

점심을 먹고 난 뒤,
해나는 다시 밖으로 나갔어요.
"어? 그림자야, 왜 키가 작아졌니?"
해나의 발밑에서 웅크리고 있는
그림자를 보고 해나가 물었어요.

"나는 해님이 비치는 곳의 반대쪽에 생겨.
지금은 해님이 네 머리 위쪽에 있으니까
작아질 수밖에 없어."
그림자의 말에 해나는 하늘을 올려다보았어요.
해가 해나의 머리 바로 위쪽에 있었어요.

점점 시간이 흘렀어요.
"이야, 그림자 친구가 다시 길어지네."
해나는 다시 제 모습을 찾은 그림자가 좋았어요.

저녁때가 되자, 엄마가 들어오라고 손짓하셨어요.
"내일 만나자, 그림자야."
해나가 인사하자, 그림자가 웃으며 말했어요.
"집 안에서도 나를 만날 수 있어."

해나는 재빨리 집으로 들어갔어요.
"전등 빛이 밝게 비추고 있기 때문이란다."
그림자가 말했어요.

"앗! 여기에는 그림자가 없다!"
해나가 유리잔을 들며 외쳤어요.
"유리는 빛이 그대로 지나가기 때문에
그림자가 생기지 않는 거야."
그림자가 웃으며 말했어요.

밤이 되자, 해나는 잠자리에 누웠어요.
엄마가 작은 전등을 켜셨어요.
해나는 오늘 만났던 그림자 친구 이야기를
엄마에게 들려드렸어요.

우아, 개가 생겼어요!

"여기에도 그림자 친구가 있단다!"
엄마는 빙그레 웃으시며
전등 반대쪽에 있는 벽에 대고
두 손으로 모양을 만드셨어요.

"깡충깡충!"
"꽥꽥꽥!"
엄마의 손은 온갖 동물을 만들어 냈어요.
해나는 변신하는 그림자가 마음에 들었어요.

"그림자야, 내일 또 보자!"

해나가 손을 흔들자, 그림자도 손을 흔들었어요.

전등불이 꺼지자, 그림자는 사라져 버렸답니다.

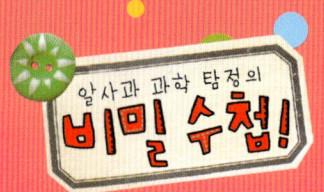

그림자야 변해라, 얍!

그림자는 **빛**이 나아가다 물체를 만났을 때 그 물체의 뒤쪽에 생기는 그늘이에요. 그림자는 빛의 위치에 따라 모양이 달라진답니다.

시간에 따라 변하는 그림자

그림자의 길이는 아침, 점심, 저녁에 따라 달라져요.

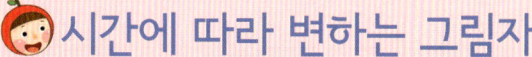

서쪽

아침에 보이는 그림자
그림자는 햇빛이 비치는 곳의 반대쪽에 생겨요.
아침에는 해가 동쪽에 낮게 떠 있어요.
그래서 아침에는 그림자가 서쪽으로 길게 생겨나요.

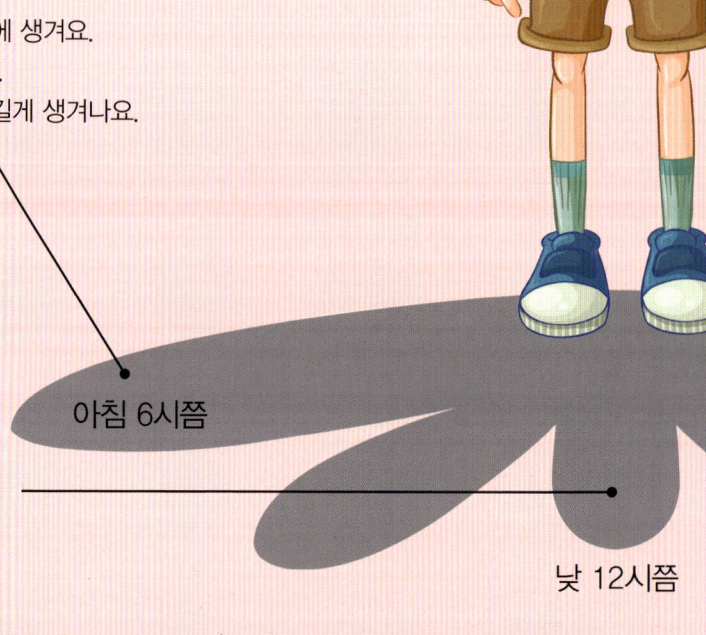

아침 6시쯤

한낮에 보이는 그림자
한낮이 되면 해가 머리 위쪽에 떠 있어요.
그래서 한낮에는 그림자가 아주 짧아져요.
마치 발밑에서 웅크리고 있는 것처럼 보인답니다.

낮 12시쯤

◀ 태양은 동쪽에서 떠서 서쪽으로 져요. 그림자는 태양 반대 방향인 서쪽에서 동쪽 방향으로 움직이지요.

동쪽

저녁에 보이는 그림자
저녁에는 해가 서쪽에 낮게 떠 있어요. 그래서 저녁에는 그림자가 동쪽으로 길게 생겨나요.

저녁 6시쯤

거리에 따라 변하는 그림자

세상에는 햇빛 말고도 빛을 내는 물건들이 많아요. 전등, 촛불, 모닥불도 빛을 내지요. 빛만 있으면 그림자는 어디서나 생겨요. 그림자의 크기는 빛과 얼마나 떨어져 있느냐에 따라 달라진답니다.

빛에 가까이 다가갈수록 그림자는 점점 커져요.

빛에서 멀어질수록 그림자는 점점 작아져요.

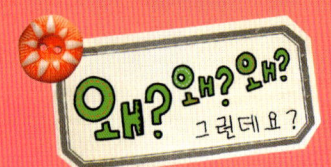

빛과 그림자에 대한 요런조런 호기심!

그림자는 왜 생기나요?

빛은 항상 똑바로 나아가. 그런데 빛이 비치는 곳에 빛을 막는 물체가 나타나면, 빛은 더 이상 앞으로 나가지 못하고 멈춰 버린단다. 이 때문에 물체 뒤에 그늘이 생기는데, 이것이 그림자야. 그러니까 그림자는 빛이 있어야 생기는 거야. 태양이 구름에 가려지거나 비가 올 때에는 그림자가 생기지 않는단다.

그림자는 빛이 물체를 통과하지 못해 생기는 그늘이에요.

유리창에는 왜 그림자가 생기지 않나요?

맑은 유리창을 통해 밖을 내다보면 훤히 보이지? 이것은 빛이 유리를 통과해서 그대로 들어오기 때문이야. 그래서 이런 유리창이나 유리컵은 그림자가 생기지 않아. 그런데 만약 유리창 가에 화분을 놓아두면, 화분은 빛을 통과시키지 못하기 때문에 화분 그림자만 생긴단다.

빛은 유리를 통과해서 계속 나아가기 때문에 유리창에는 그림자가 생기지 않아요.

무지개는 왜 생기나요?

비가 그치고 나면 공기 중에 물방울이 많이 떠다녀. 이 물방울에 햇빛이 비치면, 빛이 물방울을 통과하면서 공기 중으로 꺾여 나와. 이때 꺾이는 정도에 따라 여러 색깔의 띠로 펼쳐진단다. 이것이 무지개야. 그런데 '빨주노초파남보'의 일곱 가지 색깔이 우리 눈에 잘 보일 뿐이지, 무지개의 색깔이 일곱 가지로 딱 정해져 있는 것은 아니란다.

무지개는 물이 많이 떨어지는 폭포에도 잘 생겨요.

양달과 응달은 어떻게 다른가요?

양달은 햇볕이 많이 드는 곳이야. 밝고 따뜻해서 빨래도 잘 마르고, 식물도 쑥쑥 잘 자랄 수 있어. 반면에 응달은 햇볕이 잘 들지 않아서 양달보다 어둡고 추워. 그래서 무더운 여름 낮에 더위를 피해 응달을 찾기도 하지. 대부분의 식물은 양달에서 자라지만, 이끼 같은 식물은 오히려 햇볕이 잘 들지 않는 응달에서 잘 자란단다.

양달은 햇볕이 바로 비치는 곳이고, 응달은 햇볕이 잘 들지 않아 그늘진 곳이에요.

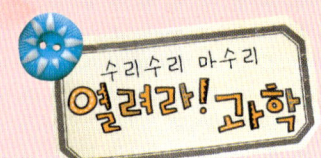

빛을 따라다니는 그림자

이 세상에는 햇빛 말고도 빛을 내는 물건들이 많아요.
빛이 있는 곳이면 어디든 그림자가 만들어진답니다.

촛불 때문에 촛대와 연필, 공책 주위에 그림자가 생겨요.

길가의 **가로등** 불빛에 거리에는 그림자가 생겨요.

집 안에 있는 **전등불** 밑에 그림자가 생겨요.

손으로 동물 그림자를 만들어요

벽에 대고 손바닥을 펼치거나 손가락을 접어 여러 가지 모양을 만든 다음, 빛을 비추어 보아요. 신기한 동물 그림자가 나타나요.

멍멍 짖는 개

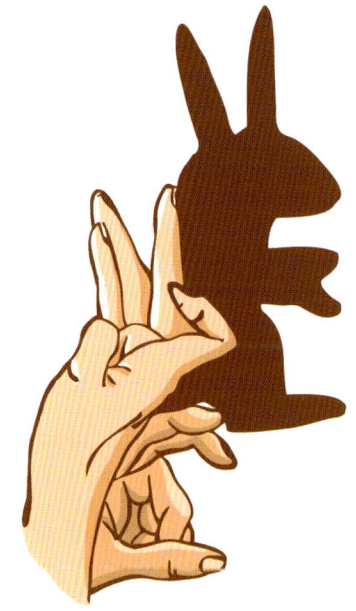

깡충깡충 뛰어다니는 토끼

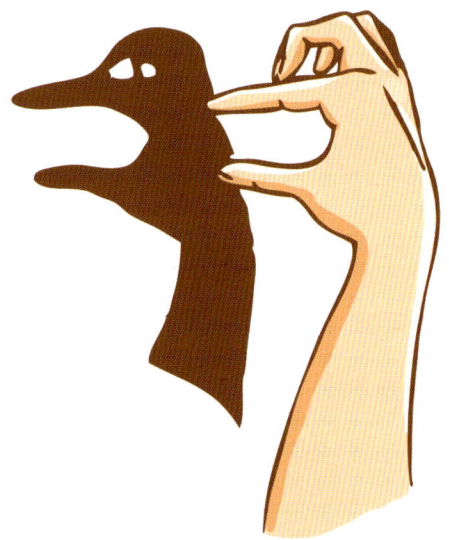

뒤뚱뒤뚱 걸어 다니는 오리

훨훨 날아다니는 새